Benoit Anselme Boumsong

Identifier et Briser les Malédictions

Benoit Anselme Boumsong

Identifier et Briser les Malédictions

Un manuel pratique pour une vie en totale liberté

Éditions Croix du Salut

Impressum / Mentions légales
Bibliografische Information der Deutschen Nationalbibliothek: Die Deutsche Nationalbibliothek verzeichnet diese Publikation in der Deutschen Nationalbibliografie; detaillierte bibliografische Daten sind im Internet über http://dnb.d-nb.de abrufbar.
Alle in diesem Buch genannten Marken und Produktnamen unterliegen warenzeichen-, marken- oder patentrechtlichem Schutz bzw. sind Warenzeichen oder eingetragene Warenzeichen der jeweiligen Inhaber. Die Wiedergabe von Marken, Produktnamen, Gebrauchsnamen, Handelsnamen, Warenbezeichnungen u.s.w. in diesem Werk berechtigt auch ohne besondere Kennzeichnung nicht zu der Annahme, dass solche Namen im Sinne der Warenzeichen- und Markenschutzgesetzgebung als frei zu betrachten wären und daher von jedermann benutzt werden dürften.

Information bibliographique publiée par la Deutsche Nationalbibliothek: La Deutsche Nationalbibliothek inscrit cette publication à la Deutsche Nationalbibliografie; des données bibliographiques détaillées sont disponibles sur internet à l'adresse http://dnb.d-nb.de.
Toutes marques et noms de produits mentionnés dans ce livre demeurent sous la protection des marques, des marques déposées et des brevets, et sont des marques ou des marques déposées de leurs détenteurs respectifs. L'utilisation des marques, noms de produits, noms communs, noms commerciaux, descriptions de produits, etc, même sans qu'ils soient mentionnés de façon particulière dans ce livre ne signifie en aucune façon que ces noms peuvent être utilisés sans restriction à l'égard de la législation pour la protection des marques et des marques déposées et pourraient donc être utilisés par quiconque.

Coverbild / Photo de couverture: www.ingimage.com

Verlag / Editeur:
Éditions Croix du Salut
ist ein Imprint der / est une marque déposée de
OmniScriptum GmbH & Co. KG
Heinrich-Böcking-Str. 6-8, 66121 Saarbrücken, Deutschland / Allemagne
Email: info@editions-croix.com

Herstellung: siehe letzte Seite /
Impression: voir la dernière page
ISBN: 978-3-8416-1955-6

Copyright / Droit d'auteur © 2015 OmniScriptum GmbH & Co. KG
Alle Rechte vorbehalten. / Tous droits réservés. Saarbrücken 2015

IDENTIFIER ET BRISER LES MALEDICTIONS

BENOIT A. BOUMSONG

TABLE DES MATIERES

Dédicace	5
Préface	7
Avant toute chose	9
Introduction	13
Chapitre 1 : Comprendre les malédictions	17
Chapitre 2 : La malédiction est-elle réelle ou juste une imagination humaine?	25
Chapitre 3 : Qui peut être sous l'emprise de la malédiction	31
Chapitre 4 : Comment Identifier les malédictions	45
Chapitre 5 : Les sept principales causes des malédictions	57
Chapitre 6 : Comment briser les malédictions	69
Chapitre 7 : Les prières de délivrance	79

DEDICACE

Je dédie ce livre à l'Eternel, ma source d'inspiration et mon soutien incontournable, à mon épouse Thérèse BOUMSONG qui est une aide précieuse à mes côtés, à toute l'équipe d'intercession du Centre d'Enseignement Apostolique et Prophétique, et à tous ceux qui de près ou de loin m'ont apporté leur soutien.

Je vous aime tous sincèrement!

PREFACE

Je m'engage dans la rédaction de ce livre avec beaucoup de courage sachant que l'un des sujets à controverse au milieu des chrétiens est celui du Ministère de la délivrance. Mais je compte sur l'aide du Seigneur pour aller jusqu'au bout de ma Mission.

Chers lecteurs, le mot « **délivrance** » n'est pas une invention humaine, mais l'un des attributs de l'Eternel : « **Jehovah Nissi** » signifie, l'Eternel ma délivrance, mon Salut, ma victoire et ma bannière. Dieu est le même hier, aujourd'hui et éternellement. Il accorde la délivrance à ceux qui L'aiment, qui connaissent Son nom et qui L'invoquent, et non aux étrangers. **Psaumes 91:14-15** dit ceci : « Puisqu'il m'aime, je le délivrerai ; Je le protégerai, puisqu'il connaît mon nom. Il m'invoquera, et je lui répondrai ; Je serai avec lui dans la détresse, Je le délivrerai et je le glorifierai ». Par conséquent, la délivrance qu'opère l'Eternel est réservée, non aux païens, mais aux enfants de Dieu.

Il est aussi important de vous rappeler que nous sommes de cette génération qui doit bénéficier des mystères cachés du temps de Daniel : « *Toi, Daniel, tiens secrètes ces paroles, et scelle le livre jusqu'au temps de la fin. Plusieurs alors le liront, et la connaissance augmentera* » (**Daniel 12:4**). Ainsi donc, Dieu, par sa sagesse infiniment variée nous révèle les mystères cachés du Ministère de la délivrance. Ce ministère, ayant une place importante dans l'Eglise des temps de la fin, ne doit pas être ignoré, ni négligé par les croyants de cette saison, lesquels, pour accomplir effectivement leur Mission sur terre, doivent entrer dans leur liberté totale en Jésus-Christ.

Dans ce livre, nous traiterons d'un sujet important, dans le domaine de la délivrance : il s'agit des malédictions. Ce livre vous aidera aussi à comprendre que, sans un réel affranchissement, votre vie sur terre demeure sans saveur. Pourtant, il est dit que nous sommes le sel de la terre (**Matthieu 5:13**).

AVANT TOUTE CHOSE...

Bien-aimé, pour bénéficier des grâces surnaturelles contenues dans ce livre, nous vous conseillons de vous mettre sur la même fréquence que Celui qui nous a éclairés, le Dieu Créateur de toute chose, le Tout-Puissant, le Maître des circonstances et des temps. (Ceci est nécessaire pour celui qui n'est pas convaincu d'avoir entamé véritablement une nouvelle vie en Christ).

Pour y parvenir, voici les étapes à parcourir ; elles sont courtes mais précieuses pour une vie fructueuse :

Etape 1 : Reconnaissez votre état de péché.
Romains 3:23 «*Car tous ont péché et sont privés de la gloire de Dieu.*»
Romains 6:23 «*Car le salaire du péché, c'est la mort ; mais le don gratuit de Dieu, c'est la vie éternelle en Jésus-Christ notre Seigneur.*»

Etape 2 : Ayez le désir de vous détourner de vos tendances, ce qui exige une profonde repentance (repentez-vous).

Actes 3:19-20 « *Repentez-vous donc et convertissez-vous, pour que vos péchés soient effacés, afin que des temps de rafraîchissement viennent de la part du Seigneur.* »

Etape 3 : Croyez que Jésus-Christ est mort sur la croix et qu'Il est ressuscité pour vous, car Il est la seule réponse à vos problèmes.
1 Timothée 2:5 «*Car il y a un seul Dieu, et aussi un seul médiateur entre Dieu et les hommes, Jésus-Christ homme.* »
Romains 5:8 «*Mais Dieu prouve son amour envers nous, en ce que, lorsque nous étions encore des pécheurs, Christ est mort pour nous*».

Etape 4 : Invitez Jésus à entrer dans votre vie et à la diriger par le Saint-Esprit c'est-à-dire, l'accepter comme votre Seigneur et votre Sauveur.
Jean 1:12 «*Mais à tous ceux qui l'ont reçue, à ceux qui croient en son nom, elle a donné le pouvoir de devenir enfants de Dieu.* »
Romains 10:9 «*Si tu confesses de ta bouche le Seigneur Jésus, et si tu crois dans ton cœur que Dieu l'a ressuscité des morts, tu seras sauvé.* »

Faites maintenant cette prière :

Père créateur, Dieu d'amour et de miséricorde, je reconnais que je suis un pécheur et que j'ai besoin de ton pardon maintenant. Je crois que Jésus, ton Fils unique est mort pour mes péchés à la croix du Calvaire. Aujourd'hui, je me repends de mes péchés, je m'en détourne maintenant pour te suivre et marcher avec Toi. Seigneur Jésus, je t'invite à entrer dans mon cœur et dans ma vie. Sois maintenant mon Sauveur en qui je veux mettre toute ma confiance et le Seigneur que je veux suivre.

Père céleste, merci d'avoir fait de moi ton enfant aujourd'hui et de m'avoir introduit dans la compagnie des renouvelés et des vainqueurs. En Christ, je suis une nouvelle créature, les choses anciennes sont passées ; voici toutes choses deviennent nouvelles dans ma vie.
Amen !

INTRODUCTION

Permettez-moi d'introduire ce livre en vous annonçant que quelque chose de grand est au seuil de la porte de votre vie. Dieu est sur le point d'enlever toutes les barrières, en vous et autour de vous, qui vous ont empêchées jusqu'à ce jour de mener une vie joyeuse.

La Bible nous dit, par la bouche du prophète Osée, que le peuple de Dieu est détruit, non seulement parce qu'il lui a manqué la connaissance, mais aussi parce qu'il l'a rejetée (**Osée 4:6**).

Nous savons maintenant que si le peuple de Dieu est détruit, ce n'est pas parce qu'il y a beaucoup de sorciers dans la famille ou dans le pays, ni parce que la situation économique du pays est mauvaise, mais parce qu'il a rejeté la connaissance de Dieu.

> *Le problème véritable des chrétiens de nos jours n'est pas lié à l'incapacité de Dieu ou aux problèmes économiques du pays dans lequel ils se trouvent, mais à « L'ignorance ».*

Le problème véritable des chrétiens de nos jours n'est pas lié à l'incapacité de Dieu ou aux problèmes économiques du pays dans lequel ils se trouvent, mais à « **L'ignorance** ».

Chers lecteurs, comprenez qu'aucun athlète, quelques soient ses performances, ne peut courir au milieu des ténèbres ; il en est de même pour tout croyant qui est dans l'ignorance. Pendant longtemps, le peuple de Dieu est resté ignorant au sujet des malédictions. Cependant, elles causent des dégâts énormes dans les vies, les familles et les ministères. Elles sont une œuvre manifeste du diable en vue de voler la joie de plusieurs croyants.

Esaïe 42:22 dit « *Et c'est un peuple pillé et dépouillé ! On les a tous enchaînés dans des cavernes, Plongés dans des cachots ; Ils ont été mis au pillage, et personne qui les délivre ! Dépouillés, et personne qui dise : Restitue* ! » Ainsi, nous retenons qu'il s'agit bel et bien d'un peuple sous la malédiction, des individus, des familles, des ministères et des carrières, qui sont : pillés, dépouillés, enchaînés dans des cellules spirituelles, plongés dans des cachots. Un peuple livré à la ruine, et personne ne se présente pour le secourir et le délivrer.

Bien-aimé, ouvrez vos yeux et regardez autour de vous. Je crois que votre constat n'est pas éloigné du mien, car plusieurs personnes, chrétiennes ou non chrétiennes, sont victimes de cette arme du méchant.

Ce livre est donc venu comme une lampe au milieu des ténèbres vous éclairer au sujet des malédictions. Dans les chapitres suivants, nous allons essayer, avec l'aide du Saint-Esprit, d'exposer l'ennemi et de vous apporter des solutions pratiques qui vous introduiront dans votre glorieux héritage.

Chapitre 1

COMPRENDRE LA MALEDICTION

Lamentations 3:64-66 dit : « *Tu leur donneras un salaire, ô Eternel, selon l'œuvre de leurs mains ; tu les livreras à l'endurcissement de leur cœur; à ta malédiction contre eux ; tu les poursuivras dans ta colère, et tu les extermineras de dessous les cieux, ô Eternel !* »

A partir de ce texte, nous retenons plusieurs mots qui nous aideront à avoir une vision plus claire des malédictions et une bonne compréhension de leur mode opératoire. Ces mots sont les suivants :

- **La Rétribution** : « *Tu leur donneras un salaire* »
- **L'Iniquité** : « *ô Eternel, selon l'œuvre de leurs mains* »
- **La Perversion** : « *tu les livreras à l'endurcissement de leur cœur* »
- **La Persécution** : « *tu les poursuivras dans ta colère* »
- **La Destruction** : « *et tu les extermineras de dessous les cieux* »

Selon le point de vue biblique, nous définissons la malédiction comme étant le résultat de l'iniquité ou d'une perversion produisant une rétribution, un salaire ou une récompense caractérisé par la persécution et la destruction. Ce qui nous amène à comprendre que la malédiction est attachée à l'iniquité (perversion).

Nombres 14:18 déclare : *« L'Eternel est lent à la colère et riche en bonté, il pardonne l'iniquité et la rébellion ; mais il ne tient point le coupable pour innocent, et il punit l'iniquité des pères sur les enfants jusqu'à la troisième et la quatrième génération. »*

L'iniquité, aussi appelée la perversion, est la clé qui ouvre la porte aux malédictions dans la vie d'un individu ou dans une famille.

> *La malédiction est le résultat de l'iniquité ou d'une perversion produisant une rétribution, un salaire ou une récompense caractérisé par la persécution et la destruction.*

Il existe plusieurs catégories de perversions :

- **La perversion sexuelle**

Elle implique l'adultère, la fornication, l'inceste, la bestialité, l'homosexualité, le lesbianisme, le viol et les choses semblables. Les péchés sexuels ouvrent, dans une lignée familiale, des portes aux esprits méchants tels que : les maris et les femmes spirituels, les esprits de convoitise, les esprits de divorce et de célibat, etc.

Souvenez-vous de Juda, l'ancêtre de David, qui avait commis une perversion sexuelle en allant avec sa belle-fille, Tamar, (l'histoire se trouve dans Genèse 38). Cet acte a provoqué des problèmes sérieux dans sa lignée :

- D'abord dans la vie de David, homme selon le cœur de Dieu, qui n'a pas pu résister devant Bath-Schéba, femme d'Urie, à cause de l'influence de la malédiction ancestrale.

- Ensuite, dans celle de Salomon qui avait bien commencé, mais a mal fini à cause du même problème spirituel lié au sexe. La Bible nous dit que le roi Salomon eut sept cents princesses pour femmes et trois cents concubines ; et ses femmes détournèrent son cœur (**1 Rois 11:3**). Toutes ces femmes pour une seule personne, n'est ce pas un problème sérieux ?

- Absalom, fils de David, fut également touché par cette malédiction ancestrale. La Bible parle de lui comme étant celui qui coucha avec les concubines de son père (**2 Samuel 16:22**).

- Et enfin, Amnon, un autre fils de David, commit l'inceste avec sa sœur Thamar (**2 Samuel 13:11-14**).

- **La perversion financière**

Elle implique : la mauvaise gestion de l'argent, les revenus injustes, le vol, le fait de ne pas honorer Dieu en refusant de payer sa dîme, la corruption, les moyens frauduleux d'obtenir de l'argent, les trafiques illégaux de médicaments, les détournements de fonds. L'histoire de ces péchés dans une famille peut ouvrir des portes aux malédictions de la pauvreté, de la honte, de la famine et des blocages dans le domaine financier.

- **Les perversions spirituelles**

Elles impliquent : la sorcellerie, le vaudou, la divination, les pratiques occultes, le spiritisme, l'astrologie etc... L'histoire de ces péchés dans le sang peut ouvrir une porte aux esprits familiers, aux esprits de morts et de divination.

- **La perversion religieuse**

Elle implique : l'idolâtrie, les pratiques ancestrales, les mauvaises alliances. Ces péchés sur une lignée familiale peuvent ouvrir les portes aux esprits de la perdition, d'égarement et aux afflictions de tout genre.

- **Les comportements pervers**

Ils impliquent : l'orgueil, la rébellion, l'ivrognerie, les meurtres, la méchanceté, une vie de péché, les conduites qui ne viennent pas de Dieu, la maltraitance, les abus et les comportements injustes. Ces péchés sur une lignée familiale ouvriront des portes aux malédictions de tout genre. Souvenez-vous de ce qui est dit dans **Galates 6:7-8** *« Ne vous y trompez pas : on ne se moque pas de Dieu. Ce qu'un homme aura semé, il le moissonnera aussi. Celui qui sème pour sa chair moissonnera de la chair la corruption ; mais celui qui sème pour l'Esprit moissonnera de l'Esprit la vie éternelle. »*

Romains 2:6-7 *« Mais, par ton endurcissement et par ton cœur impénitent, tu t'amasses un trésor de colère pour le jour de la colère et de la manifestation du juste jugement de Dieu, qui rendra à chacun selon ses œuvres. »*

- **La perversion familiale**

Elle implique : le renversement de l'autorité familiale. Souvenez-vous de Jézabel qui dominait sur Achab son mari (**1 Rois 16:21**), mais considérons également les hommes qui ne prennent pas leur position en tant que leader dans le couple, ceux qui dominent sur leur femme et les enfants rebelles.

Bien-aimé, quand l'ordre dans la famille est renversé et méprisé, le diable trouve une porte d'entrée dans cette famille et commence à créer des problèmes de tout genre tels que : les incompréhensions, les divorces, les bastonnades, la maltraitance. Cette perversion ouvre la porte à la malédiction sur les mariages et à d'autres problèmes familiaux tels que le célibat, les infidélités etc.

- **Les paroles perverses**

Elles impliquent : les paroles malheureuses, les mensonges, les fausses accusations, la diffamation, les calomnies, les mauvaises alliances verbales, les enchantements et le jet des mauvais sorts.

Un autre mot expliquant la malédiction est la Persécution :
« Tu les poursuivras dans ta colère, et tu les extermineras de dessous les cieux, ô Eternel !» (**Lamentations 3:66**)

Persécuter, c'est harceler dans le but de faire du mal, d'affliger, d'importuner, c'est courir après quelqu'un avec des intentions malheureuses, le mettre en fuite, le pourchasser.

Quand on est sous l'influence de la malédiction, les malheurs vous suivent où que vous alliez ; peu importe la distance qui vous sépare de votre famille, vous avez l'impression d'être toujours harcelé, pourchassé et persécuté dans plusieurs domaines de votre vie.

Quand on est sous l'influence de la malédiction, les malheurs vous suivent où que vous alliez...

Suivez ce que disent les Saintes Ecritures :

Lamentations 4:18-19 *« On épiait nos pas, pour nous empêcher d'aller sur nos places ; notre fin s'approchait, nos jours étaient accomplis... notre fin est arrivée ! Nos persécuteurs étaient plus légers que les aigles du ciel ; ils nous ont poursuivis sur les montagnes, ils nous ont dressé des embûches dans le désert. »*

Lamentations 5:5 *« Nous sommes poursuivis, le joug sur le cou ; Nous sommes épuisés, nous n'avons point de repos. »*

Le dernier mot retenu pour expliquer la malédiction est la Destruction.

> *Les malédictions ouvrent la porte à l'esprit de destruction appelé en grec « Osmodeus ».*

La destruction est une action ou un processus dans le but de détruire, d'anéantir quelque chose. Les malédictions ouvrent la porte à l'esprit de destruction appelé en grec « ***Osmodeus*** ». Celui-ci travaille avec d'autres esprits dans le but de détruire certains domaines dans la vie d'un individu. Par exemple :

- La destruction de l'intelligence implique les maladies mentales, la folie, la confusion.

- La destruction des finances implique la pauvreté, le manque, les dettes et les déceptions financières.
- La destruction du corps implique les maladies, les infirmités et autres afflictions corporelles.
- La destruction des familles implique l'esprit de mort, les accidents, la rébellion, l'alcoolisme, la débauche et autres conflits.

Pour clore ce chapitre, nous dirons que, l'iniquité est la cause principale d'une ou plusieurs malédictions chez un individu ou dans une famille. La malédiction ouvre la porte aux esprits méchants en leur donnant le droit légal de vous persécuter, de vous détruire en accomplissant leurs œuvres démoniaques dans tous les domaines de votre vie. Cependant, nous avons cette assurance en Christ que nous triomphons toujours.

Chapitre 2

LA MALEDICTION EST ELLE REELLE OU JUSTE UNE IMAGINATION HUMAINE ?

Pour répondre à cette question, nous allons lire quelques passages bibliques :

Zacharie 5:1-3 *« Je levai de nouveau les yeux et je regardai, et voici, il y avait un rouleau qui volait. Il me dit: Que vois-tu? Je répondis: Je vois un rouleau qui vole; il a vingt coudées de longueur, et dix coudées de largeur. Et il me dit: C'est la malédiction qui se répand sur tout le pays; car selon elle tout voleur sera chassé d'ici, et selon elle tout parjure sera chassé d'ici. »*

Esaïe 42:22 *« Et c'est un peuple pillé et dépouillé! On les a tous enchaînés dans des cavernes, Plongés dans des cachots; Ils ont été mis au pillage, et personne qui les délivre! Dépouillés, et personne qui dise: Restitue! »*

Jean 11:44 *« Et le mort sortit, les pieds et les mains liés de bandes, et le visage enveloppé d'un linge. Jésus leur dit: Déliez-le, et laissez-le aller. »*

En accord avec ces trois témoins scripturaires, nous pouvons répondre par l'affirmative que les malédictions sont réelles, et ne sont pas juste une imagination de l'homme. Elles sont évidentes dans la vie des individus, dans les maisons, dans les familles, dans les entreprises, dans les localités, dans les nations et sur un continent.

> *Lazare est une image d'une personne née de nouveau qui, après avoir reçu la parole de Dieu dans son esprit et obtenu la vie de Dieu, a besoin du secours et de la libération des éléments de la tombe (les bandes).*

Considérons l'image de Lazare ressuscité. Cet homme est une illustration claire d'un individu sous l'influence des malédictions. Lorsque quelqu'un est sous l'influence d'une ou de plusieurs malédictions, il est exactement comme Lazare ressuscité. Lazare est une image d'une personne née de nouveau qui, après avoir reçu la parole de Dieu dans son esprit et obtenu la vie de Dieu, a besoin du secours et de la libération des éléments de la tombe (les bandes).

Les Saintes Ecritures disent ceci : « *Mais Dieu, qui est riche en miséricorde, à cause du grand amour dont il nous a aimés, nous qui étions morts par nos offenses, nous a rendus à la vie avec Christ, c'est par grâce que vous êtes sauvés »* (**Ephésiens 2:4-5**).

Lazare avait retrouvé la vie, synonyme de la nouvelle naissance, mais ses pieds et ses mains étaient encore liés de bandes et son visage enveloppé d'un linge. D'où la nécessité de le délier, ce qui a imposé le Ministère de la délivrance dans la vie de cet homme. Plusieurs croyants sont dans la même condition spirituelle que Lazare et ont besoin de la délivrance venant des personnes équipées par le Seigneur Jésus Christ pour accomplir une telle Mission. « *...Déliez-le, et laissez-le aller* ».

Que pouvons-nous dire au sujet de ce que j'ai appelé « **Les éléments de la tombe** » qui sont ces bandes et ce voile sur son visage ?

- **Les pieds liés** : synonyme d'une vie de blocage, de limitation, de stagnation, de manque d'autorité ne permettaient pas à Lazare dans cette condition de marcher sur les serpents et les scorpions spirituels comme nous l'autorise **Luc 10:19** *« Voici, je vous ai donné le pouvoir de marcher sur les serpents et les scorpions, et sur toute la puissance de l'ennemi ; et rien ne pourra vous nuire »*. Il ne pouvait pas non plus entrer en possession de son héritage. Ses pieds encore liés ne pouvaient lui permettre de marcher et prendre possession d'aucun territoire spirituellement parlant. Le Seigneur dit à Josué : « *Tout lieu que foulera la plante de votre pied, je vous le donne, comme je l'ai dit à Moïse* » (**Josué 1:3**). Plusieurs personnes ont des pieds spirituellement liés ; c'est pourquoi elles ont des difficultés à posséder véritablement leur héritage dans le domaine spirituel. De telles personnes ont besoin de la délivrance.

- **Les mains liées** : synonyme de pauvreté, d'emprisonnement spirituel, d'une vie de manque, de chômage chronique, d'échecs fréquents dans les affaires.

- **Le visage voilé** : synonyme d'une vie sans vision et de privation de grâce.

Plusieurs chrétiens, comme Lazare, ont besoin de briser ces liens de malédictions qui maintiennent leurs pieds, leurs mains et leur vision en captivité en vue de les empêcher d'accomplir leur destinée glorieuse.

De même, il y a des gens qui meurent dans les hôpitaux parce que les médecins n'ont pas pu localiser le problème qui cause leur souffrance. Et le jour où le problème est localisé, il est trop tard. Les médecins ont passé leur temps à soigner autre chose pendant que le vrai mal était en train de ronger le malade jusqu'à ce que la personne meure. Si tel est ton cas, aujourd'hui, je déclare que c'est la date péremption de ta souffrance, au nom de Jésus !

En réalité, beaucoup de gens souffrent sous l'emprise des malédictions générationnelles. Mais la Bonne Nouvelle est que, en Jésus Christ, il y a toujours une porte de sortie. Alléluia !

Je connais un monsieur qui souffre sous une malédiction très forte depuis sa naissance. Né de nouveau, il s'est rapidement inscrit dans une école biblique au Nigeria. Trois ans après sa formation, il fut consacré pasteur. La formation biblique et sa consécration n'ont pas empêché qu'il continue à vivre dans l'immoralité, le vol et l'escroquerie. Sa situation m'a emmené à investiguer dans sa vie et le rapport que j'ai obtenu révélait que son grand-père maternel était un grand bandit, et la maman de cet homme était connue de toute la famille étant comme une voleuse.

Comme cet homme, plusieurs personnes en souffrent et ce qui suit vous aidera à connaître qui peut en être victime.

Chapitre 3

QUI PEUT ETRE SOUS L'EMPRISE DE LA MALEDICTION ?

Tout individu, croyant ou non croyant.

Je sais que mon affirmation vous surprendra peut être. Mais je tiens à vous rappeler que l'ignorance est l'un des problèmes majeurs auxquels l'Eglise fait face aujourd'hui. Le Prophète **Osée** dit *« Mon peuple est détruit, parce qu'il lui manque la connaissance... »*

Plusieurs croyants se tiennent sur **Ezéchiel 18:2-4, 20** et **Galates 3:13** pour affirmer qu'une personne ayant reçue Christ dans sa vie ne peut plus être victime de malédictions. Essayons de voir de plus près ce que disent ces Ecritures :

1) **Ezéchiel 18:20** *« L'âme qui pèche, c'est celle qui mourra. Le fils ne portera pas l'iniquité de son père, et le père ne portera pas l'iniquité de son fils. La justice du juste sera sur lui, et la méchanceté du méchant sera sur lui. »*

La suite au **verset 24** dit *« Si le juste se détourne de sa justice et* **commet l'iniquité***, s'il imite toutes les abominations du* *méchant, vivra-t-il ?* **Toute sa justice sera oubliée, parce qu'il s'est livré à l'iniquité et au péché ; à cause de cela, il mourra. »**

Le **verset 26** vient appuyer le sort réservé à celui qui commet l'iniquité en disant *« Si le juste se détourne de sa justice et* **commet l'iniquité***, et meurt pour cela,* **il meurt à cause de l'iniquité qu'il a commise** ». Ce que vous venez de lire vous permet certainement de comprendre que le fait d'être juste n'est pas une garantie absolue qui vous épargnerait des malédictions. Retenons une fois de plus que c'est l'iniquité qui ouvre la porte aux malédictions.

2) **Galates 3:13** *« Christ nous a rachetés de* **la malédiction de la loi***, étant devenu malédiction pour nous-car il est écrit: Maudit est quiconque est pendu au bois. »*

Je souligne deux éléments majeurs qui vous permettront de connaitre la vérité au sujet de ce verset :

> *La seule malédiction qui a été traitée à la croix est celle de la loi.*

- Le premier: la seule malédiction qui a été traitée à la croix est celle de la **loi**.

- Et il faut noter qu'il existe par ailleurs plusieurs autres types de malédictions que l'on trouve dans les Saintes Ecritures et qui sont opérationnelles dans les vies de plusieurs personnes, à savoir :

a) La malédiction de la loi

Galates 3:13 « *Christ nous a rachetés de la malédiction de la loi, étant devenu malédiction pour nous car il est écrit: Maudit est quiconque est pendu au bois.* »

Si vous parcourez **Deutéronome 28** du verset **15** au verset **68**, vous verrez une longue liste des malédictions accouchées par la loi.

Bien-aimé, il est important de noter que l'œuvre de la Rédemption nous offre la capacité surnaturelle d'accomplir la loi. Car c'est notre incapacité d'obéir à la loi qui nous a conduits sous la malédiction, et cette incapacité fut détruite à la croix par Jésus Christ.

Plusieurs personnes pensent que **Galates 3:13** veut dire que Jésus a annulé la loi. Le Seigneur lui-même, par sa bouche dans **Matthieu 5:17-18** dit ceci : « *Ne croyez pas que je sois venu pour abolir la loi ou les prophètes; je suis venu non pour abolir, mais pour accomplir.*

> *Bien-aimé, il est important de noter que l'œuvre de la Rédemption nous offre la capacité surnaturelle d'accomplir la loi.*

Car, je vous le dis en vérité, tant que le ciel et la terre ne passeront point, il ne disparaîtra pas de la loi un seul iota ou un seul trait de lettre, jusqu'à ce que tout soit arrivé. »

Jésus n'a pas détruit la loi, mais il nous a donné la grâce comme facilitateur pour accomplir la loi. Je crois qu'il temps de dénoncer certains enseignements erronés au sujet de la grâce de Dieu. Les Saintes Ecritures nous avertissent concernant les faux docteurs, disant qu'il viendra *un temps où les hommes ne supporteront pas la saine doctrine ; mais, ayant la démangeaison d'entendre des choses agréables, ils se donneront une foule de docteurs selon leurs propres désirs* (**2 Timothée 4:3**).

Une autre lumière pour éclairer ceux qui croient qu'un né de nouveau ne peut être victime de la malédiction : Nous référant sur ce que dit l'Apôtre Paul dans **2 Corinthiens 3:6** *« Il (Christ) nous a aussi rendus capables d'être ministres d'une nouvelle alliance, non de la lettre, mais de l'esprit; car la lettre tue, mais l'esprit vivifie ».* Nous retenons donc que la parole de Dieu a deux dimensions : celle de la lettre et celle de l'esprit. Permettez-moi d'emprunter en droit deux mots qui vous aideront à mieux comprendre ce que veut dire la « *lettre de la parole et l'esprit de la parole* ».

En droit, on parle de la **légitimité** et de la **légalité**. La légitimité, c'est ce que dit la loi, les Saintes Ecritures, en d'autres termes la lettre de la parole, et la légalité est l'ensemble des actes et moyens autorisé par la loi. Elle est assimilée à l'esprit de la parole, à la conformité ou à l'accomplissement de cette parole dans notre vie.

Bien-aimé, ce n'est pas parce que quelque chose est légitime que vous allez l'obtenir automatiquement. Ce que Jésus a fait à la croix est notre légitimité, mais expérimenter l'œuvre de la croix en la rendant légale dans tous les domaines de notre est notre responsabilité au quotidien. La même vérité s'applique dans le domaine de la guérison divine.

> *Ce que Jésus a fait à la croix est notre légitimité, mais expérimenter l'œuvre de la croix en la rendant légale dans tous les domaines de notre est notre responsabilité au quotidien.*

La Bible dit dans **1 Pierre 2:24** « *lui qui a porté lui-même nos péchés en son corps sur le bois, afin que morts aux péchés nous vivions pour la justice; lui par les meurtrissures duquel vous avez été guéris* ».

Cependant, on trouve encore des croyants qui souffrent des maladies et d'autres qui vivent sous l'emprise des malédictions bien qu'ils soient légalement rachetés de la malédiction de la loi. Tout comme vous combattez le bon combat de la foi pour la guérison divine, vous devez aussi combattre le bon combat de la foi contre les malédictions.

b) Les autres types de malédiction

La malédiction de Dieu

Vous êtes certainement étonnés d'entendre que Dieu maudit.

Dans **Genèse 3:14-19,** la Bible montre clairement comment Dieu a maudit le serpent, la femme, l'homme et le sol.

Dans **Genèse 12:3** Dieu dit à Abraham : *« Je bénirai ceux qui te béniront, et **je maudirai ceux qui te maudiront**; et toutes les familles de la terre seront bénies en toi. »*

Proverbes 3:33 *« La malédiction de l'Eternel est dans la maison du méchant, Mais il bénit la demeure des justes. »*

Qu'est ce qui peut donc attirer la malédiction de Dieu ?

- Une désobéissance volontaire (le cas de Saül)
- Se confier dans l'homme *« Maudit soit quiconque se confie dans l'homme »* (**Jérémie 17:5-6**)

- Le blasphème du nom de Dieu : « *Tu ne prendras point le nom de l'Eternel, ton Dieu, en vain ; car l'Eternel ne laissera point impuni celui qui prendra son nom en vain.* » (**Deutéronome 5:11**)
- Voler Dieu dans les dîmes et les offrandes : **Zacharie 5:2-4** dit « *...La malédiction est dans la maison du voleur...* »

La malédiction de l'homme

Genèse 9:24-26 « *Lorsque Noé se réveilla de son vin, il apprit ce que lui avait fait son fils cadet. Et il dit :* **Maudit soit Canaan** *! Qu'il soit l'esclave des esclaves de ses frères ! Il dit encore : Béni soit l'Eternel, Dieu de Sem, et que Canaan soit leur esclave !* »

Dans ce texte, nous voyons comment Noé a maudit Canaan, son petit-fils. Et cette malédiction est toujours opérationnelle de nos jours sur les descendants de Canaan.

Dans **2 Rois 2:23-24**, Elisée a maudit les enfants qui se moquèrent de lui : « *Il monta de là à Béthel; et comme il cheminait à la montée, des petits garçons sortirent de la ville, et se moquèrent de lui. Ils lui disaient: Monte, chauve! Monte, chauve! Il se retourna pour les regarder, et il les maudit au nom de l'Eternel. Alors deux ours sortirent de la forêt, et déchirèrent quarante-deux de ces enfants* ».

Souvenons-nous que Jésus lui-même a maudit le figuier. **Matthieu 21:19** « *Voyant un figuier sur le chemin, il s'en approcha ; mais il n'y trouva que des feuilles, et il lui dit : Que jamais fruit ne naisse de toi ! Et à l'instant le figuier sécha.* »

Les parents naturels et spirituels
Selon **Ephésiens 6:1-3,** nous avons deux types de parents. Les parents naturels et les parents spirituels. Ces personnes peuvent maudire leurs enfants, parce que Dieu a fait d'eux des autorités.

a) Noé a maudit son petit-fils.

b) Moise et ses frères : Ce qu'ils reprochaient à Moise était légitime, mais pas légal devant Dieu ; ce n'était pas à eux de le juger. Ils avaient oublié que le Dieu qu'ils servaient tous est un Dieu d'ordre. Devant Dieu, l'autorité reste l'autorité. C'est pourquoi David, connaissant les principes de l'autorité divine, n'a pas voulu en finir avec Saül lorsqu'il a eu l'opportunité de mettre fin à la persécution contre lui.

Deux choses importantes que vous pouvez faire pour aider votre père, en cas de désaccord :
- La prière (le conduire devant le trône de grâce),
- Lui donner un conseil sage dans l'humilité.

Qu'est ce qui peut activer la malédiction de vos parents sur votre vie ?

- **La rébellion** : **Proverbes 20:20** *« Si quelqu'un maudit son père et sa mère, Sa lampe s'éteindra au milieu des ténèbres. »*
- **La moquerie** : le fils de Noé s'est moqué de son père parce qu'il a vu sa nudité, et les enfants maudits par Elisée s'étaient moqués de son crâne chauve.

Comment attirer sur vous la bénédiction de vos parents ?
Si une autorité peut maudire cela veut dire qu'elle a aussi la capacité de bénir.
- **L'obéissance** : *« Enfants, obéissez à vos parents, selon le Seigneur, car cela est juste. Honore ton père et ta mère c'est le premier commandement avec une promesse afin que tu sois heureux et que tu vives longtemps sur la terre. »* (**Ephésiens 6:1-3**)
- **La soumission** : *« De même, vous qui êtes jeunes, soyez soumis aux anciens (aux parents). Et tous, dans vos rapports mutuels, revêtez-vous d'humilité ; car Dieu résiste aux orgueilleux, Mais il fait grâce aux humbles. Humiliez-vous donc sous la puissante main de Dieu, afin qu'il vous élève au temps convenable. »* (**1 Pierre 5 :5-6**)
- **La repentance** (reconnaitre que vous avez été rebelle). La repentance est la voie par excellence pour avoir accès aux bénédictions d'un parent. Dieu s'adresse aux enfants d'Israël dans le livre **Joël**, chapitre **2** au verset **12** en ces

mots : « *Maintenant encore, dit l'Eternel, Revenez à moi de tout votre cœur, Avec des jeûnes, avec des pleurs et des lamentations... verset 19 L'Eternel répond, il dit à son peuple : Voici, je vous enverrai du blé, du moût et de l'huile, Et vous en serez rassasiés ; Et je ne vous livrerai plus à l'opprobre parmi les natio*ns! »

Après avoir agi en insensé vis-à-vis de votre parent (géniteur ou spirituel), ne permettez pas au diable de vous empêcher de revenir vers lui et de demander pardon pour ce que vous avez fait. Souvenez-vous de l'enfant prodigue qui s'est rappelé que les meilleurs choses dont il a besoin sont dans la maison de son père et non ailleurs. Vous qui êtes dans cette situation, je vous encourage maintenant à retourner voir votre parent qui est prêt à vous accueillir, à vous enlever vos habits sales, à renouveler son alliance avec vous en mettant à votre doigt un anneau d'amour et de miséricorde.

- **Les dons d'amour** à l'instar de l'offrande de Jacob à son père Isaac (**Genèse 27:25-27**)

La malédiction de la semence et la moisson :

Genèse 8:22 « *Tant que la terre subsistera, les semailles et la moisson, le froid et la chaleur, l'été et l'hiver, le jour et la nuit ne cesseront point.* »

Plusieurs personnes souffrent sous la malédiction de la semence et de la moisson. Les choses ne marchent pas comme vous voulez à cause de ce que vous avez semé par le passé. Chaque acte que vous posez est une semence dit **Ephésiens 6:8** « *sachant que chacun, soit esclave, soit libre, recevra du Seigneur selon ce qu'il aura fait de bien* », et **Romains 2:6** dit « *... qui rendra à chacun selon ses œuvres* ». Si j'ai un conseil à vous donner, c'est d'éviter de poser les actes qui vous nuiront toute votre vie. Souvenez-vous de cette parole : « *Ne vous y trompez pas : on ne se moque pas de Dieu. Ce qu'un homme aura semé, il le moissonnera aussi.* » (**Galates 6:7**)

La malédiction de l'amertume
Hébreux 12:15 « *Veillez à ce que nul ne se prive de la grâce de Dieu; à ce qu'aucune racine d'amertume, poussant des rejetons, ne produise du trouble, et que plusieurs n'en soient infectés.* »
Caïn fut très irrité et son visage fut abattu lorsque l'Eternel porta un regard favorable sur Abel et sur son offrande (**Genèse 4:3-5**). L'amertume dans le cœur de Caïn l'a conduit sous la malédiction. Comme Caïn, plusieurs personnes sont bloquées toute leur vie parce qu'elles ont laissé pousser dans leur cœur les racines de l'amertume. Les Ecritures nous disent qu'un cœur amer se prive de la grâce de Dieu. Je ne souhaite pas qu'une telle chose vous arrive.

La malédiction du prophète

Luc 2:34 *« Siméon les bénit, et dit à Marie, sa mère: Voici, cet enfant est destiné à amener la chute et le relèvement de plusieurs en Israël, et à devenir un signe qui provoquera la contradiction. »*

Cette déclaration fut faite lors de la présentation de Jésus, le Prophète des prophètes, dans le temple. Tout comme le Seigneur Jésus, chaque prophète de Dieu est destiné à la chute et au relèvement de plusieurs personnes.

Il est dit : *« Ne touchez pas à mes oints, les prophètes »* (**Psaumes 105:15**).

Le prophète Elisée a maudit les enfants qui se moquèrent de lui (**2 Rois 2:23-24**). Moise était un prophète de l'Eternel et tous ceux qui se sont rebellés contre lui sont tombés sous la malédiction, c'est-à-dire Miriam, Aaron, Koré, Dathan et Abiram. (**Nombres 12:1-2 et 16:28-30**).

La malédiction de Satan

Nombres 23:7-8 et 23 *« Balaam prononça son oracle, et dit: Balak m'a fait descendre d'Aram, Le roi de Moab m'a fait descendre des montagnes de l'Orient. -Viens, maudis-moi Jacob! Viens, sois irrité contre Israël! Comment maudirais-je celui que Dieu n'a point maudit? Comment serais-je irrité quand l'Eternel n'est point irrité ? »*

Cette malédiction peut être opérationnelle dans la vie d'une personne qui n'est pas en alliance avec Dieu, car il est dit « *L'enchantement ne peut rien contre Jacob, Ni la divination contre Israël; Au temps marqué, il sera dit à Jacob et à Israël: Quelle est l'œuvre de Dieu.* »

Plusieurs personnes souffrent sous des malédictions et ont besoin de la délivrance. La Bible dit, qu'il y a un temps pour toute chose : un temps pour être sous les malédictions et un autre pour briser leurs emprises sur votre vie. Et voici le temps de sortir de cette captivité, au nom de Jésus-Christ !

Faites cette Prière :
O Dieu, ouvre mes yeux maintenant, car je suis fatigué de lutter contre ces forces invisibles. Je suis fatigué d'être confronté à ces barrières maléfiques. Viens à mon aide, Papa.
Que ta grâce et miséricorde parlent en ma faveur aujourd'hui et me soutiennent dans cette bataille, au nom de Jésus !

Chapitre 4

COMMENT IDENTIFIER ET BRISER LES MALEDICTIONS

Dans cette partie, nous verrons en profondeur les symptômes qui caractérisent les sept principales malédictions dans la vie d'un individu ou dans une famille.

Symptôme 1 : Les problèmes financiers chroniques
Proverbes 10 :15 dit : « *La fortune est pour le riche une ville forte; La ruine des misérables, c'est leur pauvreté.* »

Les démons chargés de vous détruire travaillent à travers les malédictions en vue de vous causer tout type de problèmes financiers. Les démons de la pauvreté, de manque et de dette opèrent à travers ces malédictions et produisent :

o *Les contretemps financiers ou les échecs financiers*
Le contretemps veut dire que le progrès est lent, bloqué ou retardé. **Aggée 1 :6** dit « *Vous semez beaucoup, et vous recueillez peu, Vous mangez, et vous n'êtes pas rassasiés, Vous buvez, et vous n'êtes pas désaltérés, Vous êtes vêtus, et vous n'avez pas chaud; Le salaire de celui qui est à gages tombe dans un sac percé.* »

Ecclésiaste 2:23 *« Tous ses jours ne sont que douleur, et son partage n'est que chagrin; même la nuit son cœur ne repose pas. C'est encore là une vanité. »*

o *Les problèmes de maison*

Les signes de la malédiction liés aux problèmes de maison impliquent :
- Les saisies
- Avoir régulièrement des bailleurs cruels et injustes
- Les incendies
- Les inondations
- Et d'autres problèmes tels que: les maisons détruites, les cambriolages, le vagabondage (sans domicile fixe), les coupures de lumière, le manque de gaz, les coupures téléphoniques, les problèmes de chauffage, les fuites d'eau et autres problèmes dans la maison qui soutirent vos finances.

o *Le plan professionnel*

Les signes de la malédiction liés au domaine professionnel impliquent :
- Les licenciements abusifs
- Les fermetures des entreprises dans lesquelles vous travaillez dues aux incendies ou à d'autres fausses raisons
- Les absences au boulot à cause des maladies

- Les accidents au lieu de service
- Les insultes du patron et des employées
- Les abus sexuels
- Vous passez d'un travail à un autre parce que vous êtes instable et vous avez des difficultés de garder un emploi longtemps
- L'incapacité à trouver du travail
- Etre dans un mauvais endroit au mauvais moment.

Le constat est qu'un tel vécu produit chez la victime de la frustration, du découragement, suivis de la tristesse, du malheur, de la dépression, du désespoir, de la colère et de l'amertume. Ma prière est que vous soyez libérés de cette malédiction maintenant, au nom de Jésus !

Symptôme 2 : Les maladies et les infections chroniques
Deutéronome 28:21 *« L'Eternel attachera à toi la peste, jusqu'à ce qu'elle te consume dans le pays dont tu vas entrer en possession. »*

Le livre de Deutéronome mentionne la peste comme étant un lien diabolique qui détruit plusieurs individus. La peste est une maladie contagieuse ou infectieuse, elle est destructrice et pernicieuse. La version de la Bible Semeur dit : « *L'Eternel vous* *enverra une épidémie de peste **qui finira par vous éliminer** du pays dans lequel vous allez entrer pour en prendre possession.»*.

Une maladie qui est le résultat d'une malédiction est **PERSISTENTE** et **RESISTANTE**. Elle semblera vous quitter à un moment donné, mais elle restera cachée parce qu'elle est attachée à vous par le lien de la malédiction. Jusqu'à ce que celle-ci soit localisée et brisée pour en finir avec la souffrance.

D'où le deuxième signe de la malédiction qui est la maladie et les infections chroniques. Le dictionnaire définit le mot « **chronique** » comme quelque chose qui est marquée par une durée et qui arrive fréquemment. Dans le contexte des maladies chroniques, vous êtes constamment affligé, affaibli et troublé.

Les signes d'une telle malédiction impliquent :
- Les maladies depuis l'enfance qui persistent toute la vie ;
- Les maladies ou les infirmités qui ne répondent à aucun médicament ni aucun traitement ;
- Des maladies qui ont une fois répondues à la prière et qui sont revenues à cause d'une mauvaise hygiène spirituelle ;
- L'histoire de certaines maladies dans la famille telles que l'hypertension, le diabète, le cancer, l'asthme, l'anémie, les infections des os ou du sang, les problèmes respiratoires et autres.

Symptôme 3 : Les problèmes liés aux femmes.
Le troisième symptôme d'une malédiction est caractérisé par des problèmes liés aux femmes. Cette malédiction affecte les organes de reproduction et peut causer la stérilité et le manque de reproduction.

Quand le Seigneur a béni l'homme et la femme dans le jardin d'Eden, il leur a dit « *Soyez féconds, multipliez, et remplissez les eaux des mers, et que les oiseaux multiplient sur la terre* », (**Genèse 1:22**). Les fruits et la multiplication sont toujours les signes d'une bénédiction.

Les signes d'une telle malédiction sont les suivants :
- Des avortements répétés
- Les relations sexuelles spirituelles (couches de nuit)
- Les crampes sévères
- Les menstrues troublées
- Les tumeurs et les augmentations de l'utérus
- La malformation des ovaires
- L'esprit d'infirmité peut opérer dans ses domaines à cause de la malédiction.

Les personnes qui en souffrent ont besoin d'être délivrées des chagrins, de la tristesse, de la dépression et d'autres esprits qui les condamnent. La stérilité peut être le résultat de l'idolâtrie dans la lignée du sang, **Osée 9:11 et 13-14 :** *« La gloire d'Ephraïm s'envolera comme un oiseau : Plus de naissance, plus de grossesse, plus de conception...Ephraïm, aussi loin que portent mes regards du côté de Tyr, Est planté dans un lieu agréable ; Mais Ephraïm mènera ses enfants vers celui qui les tuera. Donne-leur, ô Eternel ! ... Que leur donneras-tu ? ... Donne-leur un sein qui avorte et des mamelles desséchées ! »*

<u>Symptôme 4</u> : La prédisposition aux accidents
Le quatrième symptôme d'une malédiction est celui d'être prédisposé aux accidents. Le mot « prédisposé » veut dire « préparé d'avance » ou « placé dans une situation favorable à quelque chose ». Cependant, avoir eu un accident, ou l'une des choses qui suivent, ne veut pas dire que l'on est sous une telle malédiction.

En effet, si les accidents sont fréquents et continuels, la personne fera les investigations nécessaires pour déterminer si une malédiction est à l'œuvre. Voici quelques signes indicateurs qui peuvent vous aider à faire un bon diagnostic :
- Vous faites régulièrement des accidents sans en comprendre les causes, alors que vous êtes un bon chauffeur ;

- Vous tombez régulièrement des escaliers et ces chutes sont sanctionnées par des fractures, surtout au même endroit plus d'une fois ;
- Vous êtes régulièrement étouffés par la nourriture de manière accidentelle ;
- Vous êtes régulièrement mordu par des chiens ;
- On vous tire régulièrement dessus avec une arme de manière accidentelle ;
- Vous êtes toujours en train de vous blesser accidentellement ;
- Vous buvez constamment du poison de manière accidentelle ;
- Vous vous brûlez régulièrement et de manière accidentelle, etc...

Lorsqu'une personne a une histoire pleine d'accidents inexplicables, on suspecte derrière tout cela une malédiction à l'œuvre.

Il m'a été donné de rendre ministère aux personnes qui ont connu mésaventure après mésaventure sans aucune explication, des gens qui avaient besoin de briser les malédictions dans leur vie à travers le ministère de la délivrance afin d'être libérés de ce cycle infernal.

> *Lorsqu'une personne a une histoire pleine d'accidents inexplicables, on suspecte derrière tout cela une malédiction à l'œuvre.*

J'ai un neveu qui, depuis l'âge d'un an jusqu'à cinq ans était toujours victime d'accidents répétés, tels que des chutes sanctionnées par des dents cassées, des blessures au visage, des brûlures, etc. Le dernier incident qui attira mon attention fut le jour où, jouant avec d'autres enfants, un 25 décembre, il tomba dans un barbecue utilisé quelques heures avant et en aspira les cendres brûlantes.

Après quelques jours à l'hôpital, j'ai décidé de le suivre spirituellement pour stopper ces situations malheureuses répétées dans sa vie. Un temps de jeûne et de prière est venu mettre fin à cette malédiction qui voulait raccourcir la vie du petit Benoit sur la terre. Aujourd'hui, il a sept ans et n'a plus jamais connu de telles expériences. Gloire soit rendue à Dieu pour sa délivrance !

Symptôme 5 : **Les problèmes de foyer**

Le cinquième symptôme d'une malédiction est constitué par les problèmes de foyer :

« *La malédiction est dans la maison du méchant. Mais l'Eternel bénit la demeure du juste.* » (**Proverbes 3:33**)

Les endroits les plus touchés sont les foyers. La fondation d'un foyer est la force de cette union par le mariage. Si le mariage n'est pas solide, toute la famille sera affectée. Les séparations dans les familles et sur une lignée familiale peuvent être causées par la malédiction.

Les signes sont les suivants :
- Des disputes constantes
- Les bagarres
- Les querelles
- Les divorces.

> *La fondation d'un foyer est la force de cette union par le mariage. Si le mariage n'est pas solide, toute la famille sera affectée.*

La première question que je pose aux gens qui ont des problèmes conjugaux est celle-ci : *« Est-ce-que vos grands-parents ou vos parents ont expérimenté les choses que vous vivez aujourd'hui ? »* Cette question a sa place parce qu'elle nous permet de localiser l'origine du problème. Souvent, il arrive que des couples qui ont de sérieux problèmes aient eu des parents ou des grands-parents qui passaient leur temps à divorcer ou qui ont fait des mariages polygamiques.

Il ne faut pas oublier qu'un bon diagnostic nous aide à localiser la racine du problème, et si la racine est trouvée, la solution devient facile.

Un cycle de divorces dans une famille et des luttes entre conjoints peuvent indiquer l'existence d'une malédiction. Le besoin de délivrance des esprits de séparation sera nécessaire.

Symptôme 6 : Les morts prématurées
Ecclésiastes 7:17 *« Ne sois pas méchant à l'excès, et ne sois pas insensé : pourquoi mourrais-tu avant ton temps ? »*

> *L'esprit de méchanceté dans une famille peut ouvrir la porte à la malédiction de la mort précoce et de la destruction.*

Chers lecteurs, les Ecritures nous révèlent que vous pouvez mourir avant le temps à cause de votre méchanceté ou de votre stupidité. L'esprit de méchanceté dans une famille peut ouvrir la porte à la malédiction de la mort précoce et de la destruction. Les passages bibliques qui confirment cette vérité sont les suivants :

Proverbes 2:22 *« Mais les méchants seront retranchés du pays, les infidèles en seront arrachés. »*

Psaumes 37:28 *« Car l'Eternel aime la justice, et il n'abandonne pas ses fidèles ; ils sont toujours sous sa garde, mais la postérité des méchants est retranchée. »*

La mort prématurée dans une famille maudite impliquera :

- Un historique de suicides
- Des noyades
- Des accidents de voiture
- Des catastrophes telles que les incendies et les inondations
- Des attaques cardiaques
- Des paralysies et des cancers.

Il est important de vous signaler que les malédictions raccourcissent la vie. Rappelez-vous de ce que dit **Romains 6:23** *« Mais le don de Dieu, c'est la vie «éternelle en Jésus Christ notre Seigneur. Car le salaire du péché, c'est la mort. »* Là où l'iniquité prend place, la mort aussi élit son domicile. Mais gloire soit rendue à Dieu pour le don de la vie que vous pouvez obtenir en Jésus-Christ !

Symptôme 7 : Les problèmes mentaux

Le septième symptôme de la malédiction ce sont les problèmes mentaux. Il implique dans une famille un cycle marqué par : la folie, les esprits de confusion, la schizophrénie et les problèmes de nervosité. **Deutéronome 28:28** dévoile cette malédiction en disant : *« L'Eternel te frappera de délire, d'aveuglement et d'égarement d'esprit. »*

Le problème des maladies mentales reste sans solution dans la profession des psychiatres, parce qu'ils essayent de traiter un problème spirituel avec des théories humaines et des médicaments. Les statistiques montrent que la schizophrénie est l'une des maladies les plus fréquentes dans la société. Cette maladie est un esprit, découlant d'un problème démoniaque enraciné dans la vie d'un individu qui a connu le rejet et la rébellion.

> *Les maladies qui ont une source spirituelle sont traitées par l'esprit et celles de la chair le sont par les théories humaines et les médicaments...*

Les racines de ce problème sont généralement trouvées dans la malédiction. Les enfants nés dans une famille maudite sont exposés à une instabilité mentale. Nous ne disons pas qu'il ne faudrait pas voir un médecin, mais vous devez commencerez par briser la malédiction qui à l'origine du mal. Le Seigneur Jésus a dit ceci : « *Ce qui est né de la chair est chair, et ce qui est né de l'Esprit est esprit* » (**Jean 3:6**).

En d'autres termes, les maladies qui ont une source spirituelle sont traitées par l'esprit et celles de la chair le sont par les théories humaines et les médicaments. Le problème de malédiction ne peut trouver solution que par les voies divines et non, ailleurs.

Chapitre 5

LES PRINCIPALES CAUSES DES MALEDICTIONS

La foi, les bénédictions et la vie chrétienne font partie de la culture du royaume de Dieu. Les gens aiment les bénédictions, mais considèrent rarement les conséquences du péché qui peuvent obstruer leur joie. La Bible nous enseigne que le salaire du péché c'est la mort. Elle nous dit encore que l'homme récoltera ce qu'il aura semé.

Cependant, la malédiction sans cause n'a point d'effet. Par contre, celle qui a une cause directe ou indirecte, produira des effets très graves qui s'étendront sur quatre générations. Dans ce chapitre, nous allons voir les principales causes des malédictions.

> *Les gens aiment les bénédictions, mais considèrent rarement les conséquences du péché qui peuvent obstruer leur joie.*

1. Se confier dans l'homme

« *Ainsi parle l'Eternel: Maudit soit l'homme qui se confie dans l'homme, Qui prend la chair pour son appui, Et qui détourne son cœur de l'Eternel! Il est comme un misérable dans le désert, Et il ne voit point arriver le bonheur; Il habite les lieux brûlés du désert, Une terre salée et sans habitants.* » (**Jérémie 17:5-6**)

Dans ce contexte, se confier dans l'homme, c'est faire de l'homme une idole, un dieu.

Il ne faut pas oublier que Dieu condamne **l'idolâtrie**. Dans **Exode 20:5**, l'Eternel dit : « *Tu ne te prosterneras point devant elles, et tu ne les serviras point; car moi, l'Eternel, ton Dieu, je suis un Dieu jaloux, qui punis l'iniquité des pères sur les enfants jusqu'à la troisième et la quatrième génération de ceux qui me haïssent.* »

> *« Moi, l'Eternel, ton Dieu, je suis un Dieu jaloux, qui punis l'iniquité des pères sur les enfants jusqu'à la troisième et la quatrième génération de ceux qui me haïssent. »*

L'idolâtrie est la cause de plusieurs malédictions générationnelles. Chaque fois qu'Israël se détournait de son Dieu pour servir les dieux étrangers, la nation toute entière était frappée par la malédiction. Le roi Saül mit sa confiance dans les hommes lorsqu'il refusa d'obéir à l'Eternel (**1 Samuel 15**) et cela lui valut la perte de son trône. La Bible dit que Dieu l'a rejeté.

Le seul nom devant lequel tout genou fléchit et toute langue confesse est celui de Jésus-Christ, et Il n'y a de salut en aucun autre nom ; car il n'y a sous le ciel aucun autre nom qui ait été donné parmi les hommes, par lequel nous devions être sauvés (**Actes 4:12**). Le Seigneur Jésus seul mérite notre confiance !

2. Se soumettre aux faux serviteurs de Dieu, "ceux qui ne sont pas appelés"

Romains 8:29 *« Car ceux qu'il a connus d'avance, il les a aussi prédestinés à être semblables à l'image de son Fils, afin que son Fils fût le premier-né entre plusieurs frères. »*

Cette parole des Ecritures dit que les serviteurs de Dieu sont appelés à être semblables à l'image du Fils de Dieu, afin que son Fils fût le premier-né entre plusieurs frères.

Selon **Philippiens 1:20** *« Quelques-uns, il est vrai, prêchent Christ par envie et par esprit de dispute; mais d'autres le prêchent avec des dispositions bienveillantes. »*

Ce ne sont pas tous ceux qui se revendiquent Serviteurs de Dieu qui sont appelés et approuvés par Dieu. Certains le font par envie ; ils ont abandonné la foi pour s'attacher à des esprits séducteurs et à des doctrines de démons (**1 Timothée 4:1**). On constate que nombreux sont les agents de l'ennemi qui s'infiltrent parmi les brebis du Seigneur, causent des dégâts graves, tandis que d'autres sont engagés pour leur propre intérêt et non celui du royaume de Dieu.

Témoignage : Un jeune homme est allé rencontrer un homme de Dieu que je connais, lui disant qu'il voulait se repentir et renoncer à son mauvais engagement. Il dit que le but pour lequel lui et ses amis organisaient des conférences, était de susciter des fonds, et non pour faire avancer le royaume de Dieu. Après un programme, ils se partageaient l'argent prélevé. A partir d'une fausse motivation, ils ont attiré sur eux **la malédiction de la cupidité**. « *Car l'amour de l'argent est une racine de tous les maux; et quelques-uns, en étant possédés, se sont égarés loin de la foi, et se sont jetés eux-mêmes dans bien des tourments* » (**1 Timothée 6:10**). Bien-aimé, il faut éviter de telles personnes et ne jamais participer à leurs rencontres, ni même leur envoyer de l'argent. Le Saint-Esprit n'est pas avec eux. Beaucoup d'entre eux ont fait des alliances avec Satan et se soumettre à de telles personnes vous exposent à leur malédiction.

3. Donner à Dieu des offrandes corrompues

« *Maudit soit le trompeur qui a dans son troupeau un mâle, Et qui voue et sacrifie au Seigneur une bête chétive! Car je suis un grand roi, dit l'Eternel des armées, Et mon nom est redoutable parmi les nations.* » (**Malachie 1:14**)

Les Saintes Ecritures interdisent de donner à Dieu une offrande chétive, une offrande corrompue. Un homme trompe-t-il Dieu ? Ananias et Saphira, dans **Actes 5,** ont été frappés par la malédiction de la mort prématurée parce qu'ils ont menti à Dieu au sujet de leurs offrandes. Plusieurs personnes sont frappées par la malédiction à cause du manque d'intégrité. Le Seigneur rappelait au peuple d'Israël la cause de leurs problèmes lorsqu'il disait « *Un homme trompe-t-il Dieu ? Car vous me trompez, Et vous dites : En quoi t'avons-nous trompé ? Dans les dîmes et les offrandes. Vous êtes frappés par la malédiction, Et vous me trompez, La nation tout entière !* » (**Malachie 3 : 8-9**). Qu'une telle chose ne t'arrive pas, au nom de Jésus ! Un conseil : Arrêtez de tromper l'Eternel !

4. Le refus de rendre gloire à Dieu

« Maintenant, à vous cet ordre, sacrificateurs! Si vous n'écoutez pas, si vous ne prenez pas à cœur De donner gloire à mon nom, dit l'Eternel des armées, J'enverrai parmi vous la malédiction, et je maudirai vos bénédictions; Oui, je les maudirai, parce que vous ne l'avez pas à cœur » (**Malachie 2:1-2**).

Bien-aimé, un danger guette les orgueilleux, ceux-là qui pensent qu'ils ne doivent rien à personne. Vous pouvez ne pas devoir à un homme, mais pas à Dieu. Si le Seigneur Jésus dit *« Sans moi vous ne pouvez rien faire »* dans **Jean 15:5**, Il dit encore : *« Car il fait lever son soleil sur les méchants et sur les bons, et il fait pleuvoir sur les justes et sur les injustes »*. Sa grâce est sur les bons et sur les méchants.

Deutéronome 8:10-14 et 18 : « *Lorsque tu mangeras et te rassasieras, tu béniras l'Eternel, ton Dieu, pour le bon pays qu'il t'a donné. Garde-toi d'oublier l'Eternel, ton Dieu, au point de ne pas observer ses commandements, ses ordonnances et ses lois, que je te prescris aujourd'hui. Lorsque tu mangeras et te rassasieras, lorsque tu bâtiras et habiteras de belles maisons, lorsque tu verras multiplier ton gros et ton menu bétail, s'augmenter ton argent et ton or, et s'accroître tout ce qui est à toi, prends garde que ton cœur ne s'enfle, et que tu n'oublies l'Eternel, ton Dieu, qui t'a fait sortir du pays d'Egypte, de la maison de servitude,... Souviens-toi de l'Eternel, ton Dieu, car c'est lui qui te donnera de la force pour les acquérir.* »

L'homme n'est rien sans la grâce de Dieu c'est pourquoi il faut toujours Lui retourner Sa gloire au moyen de notre reconnaissance.

5. Le refus de payer la dîme de Dieu
Malachie 3:8-10 « *Un homme trompe-t-il Dieu? Car vous me trompez, Et vous dites: En quoi t'avons-nous trompé? Dans les dîmes et les offrandes. Vous êtes frappés par la malédiction, Et vous me trompez, La nation tout entière! Apportez à la maison du trésor toutes les dîmes, Afin qu'il y ait de la nourriture dans ma maison; Mettez-moi de la sorte à l'épreuve, Dit l'Eternel des armées. Et vous verrez si je n'ouvre pas pour vous les écluses*

des cieux, Si je ne répands pas sur vous la bénédiction en abondance. »

Ce qui intéresse Dieu, c'est son alliance. Lorsque celle-ci est brisée, automatiquement une malédiction fait son entrée dans la vie de l'infidèle. Plusieurs personnes s'égarent dans les faux raisonnements et tombent sous la malédiction de la pauvreté qui donne aux démons de cribler leur santé, leurs enfants, leurs finances et leurs affaires.

J'ai souvent entendu les croyants dire des choses incroyables au sujet de la dîme. Ils refusent de payer la dîme de Dieu, soi-disant que c'est une affaire de la loi biblique qui n'a plus sa place dans cette dispensation. Aberration !

Bien-aimé, il faut se souvenir que la dîme est entrée dans les affaires de Dieu bien avant l'arrivée de la loi de Moïse. La première personne à payer la dîme est le père de la foi qui est Abraham. « *Béni soit le Dieu Très-Haut, qui a livré tes ennemis entre tes mains ! Et Abram lui donna la dîme de tout* », **Genèse 14:20**.

> *La dîme est entrée dans les affaires de Dieu bien avant l'arrivée de la loi de Moïse… payer la dîme de Dieu démontre notre amour, notre foi, notre obéissance et notre soumission à Dieu.*

En outre, même s'il s'agit de la loi, le Seigneur Jésus-Christ n'a jamais dit que sa Mission sur la terre était de l'abolir ce qui est confirmé par lui-même dans **Matthieu 5:17-18** *« Ne croyez pas que je sois venu pour abolir la loi ou les prophètes; je suis venu non pour abolir, mais pour accomplir. Car, je vous le dis en vérité, tant que le ciel et la terre ne passeront point, il ne disparaîtra pas de la loi un seul iota ou un seul trait de lettre, jusqu'à ce que tout soit arrivé. »*

Ceux qui disent qu'ils ne payent pas la dîme de Dieu, parce qu'elle n'est plus d'actualité ou parce qu'ils ne sont plus sous la loi, sont donc dans l'erreur et doivent comprendre que la loi n'a jamais été abolie par Dieu.
La grâce de Dieu reçue en Jésus, nous a offert la capacité surnaturelle d'accomplir la loi, car nous savons tous que c'est notre incapacité d'obéir à la loi qui nous a tous conduits sous la malédiction. Et cette incapacité fut détruite à la croix par Jésus-Christ. Ceci ne voudra jamais dire que Jésus a annulé la loi.

Par ailleurs, payer la dîme de Dieu démontre notre amour, notre foi, notre obéissance et notre soumission à Dieu. Il a promis de menacer le dévoreur, d'ouvrir les écluses des cieux et de faire la différence. Essayez et vous verrez !

6. Les péchés sexuels

Romains 1:21-32 *« ... puisque ayant connu Dieu, ils ne l'ont point glorifié comme Dieu, et ne lui ont point rendu grâces ; mais ils se sont égarés dans leurs pensées, et leur cœur sans intelligence a été plongé dans les ténèbres. Se vantant d'être sages, ils sont devenus fous ; et ils ont changé la gloire du Dieu incorruptible en images représentant l'homme corruptible, des oiseaux, des quadrupèdes, et des reptiles. C'est pourquoi Dieu les a livrés à l'impureté, selon les convoitises de leurs cœurs ; en sorte qu'ils déshonorent eux-mêmes leurs propres corps ; eux qui ont changé la vérité de Dieu en mensonge, et qui ont adoré et servi la créature au lieu du Créateur, qui est béni éternellement. Amen ! C'est pourquoi Dieu les a livrés à des passions infâmes : car leurs femmes ont changé l'usage naturel en celui qui est contre nature ; et de même les hommes, abandonnant l'usage naturel de la femme, se sont enflammés dans leurs désirs les uns pour les autres, commettant homme avec homme des choses infâmes, et recevant en eux-mêmes le salaire que méritait leur égarement. Comme ils ne se sont pas souciés de connaître Dieu, Dieu les a livrés à leur sens réprouvé, pour commettre des choses indignes, étant remplis de toute espèce d'injustice, de méchanceté, de cupidité, de malice ; pleins d'envie, de meurtre, de querelle, de ruse, de malignité ; rapporteurs, médisants, impies, arrogants, hautains, fanfarons, ingénieux au mal, rebelles à leurs parents, dépourvus* *d'intelligence, de loyauté, d'affection naturelle, de miséricorde. Et, bien qu'ils connaissent le jugement de Dieu, déclarant dignes de mort ceux qui commettent de telles choses, non seulement ils les font, mais ils approuvent ceux qui les font. »*

Les péchés sexuels, tels que l'adultère, la fornication, l'homosexualité, le lesbianisme conduisent les pratiquants à la destruction. Juda, l'ancêtre de David, a commis une abomination sexuelle. Ce péché, a influencé ses descendants et a causé des dégâts très graves. L'Apôtre Paul dit par révélation que ce péché détruit le corps de la personne qui le pratique en dehors du mariage autorisé par Dieu.

1 Corinthiens 6:18 *« Fuyez l'impudicité. Quelque autre péché qu'un homme commette, ce péché est hors du corps ; mais celui qui se livre à l'impudicité pèche contre son propre corps. »*

7. La désobéissance caractérisée envers les parents
Proverbes 20:20 *« Si quelqu'un maudit son père et sa mère, Sa lampe s'éteindra au milieu des ténèbres. »*

> *Evitez de tomber dans le piège de la familiarité avec vos parents.*

Certains enfants prennent leurs parents comme des simples personnes. Votre parent n'est pas votre petit copain. Evitez de lui dire n'importe quoi.

La bouche de cet homme ou de cette femme est un canal de bénédiction pour vous. Evitez de tomber dans le piège de la familiarité avec vos parents. Votre bonheur et votre longévité en dépendent, (**Ephésiens 6:2-3**).

CONCLUSION

Les malédictions sont réelles, elles ne sont pas une invention humaine. Elles peuvent être invitées dans votre vie par vous-même, ou à travers une autorité familiale qui s'est rebellée contre Dieu. Mais la bonne nouvelle, c'est que toute malédiction peut être brisée au moyen de l'œuvre accomplie à la croix par notre Seigneur Jésus Christ.

Chapitre 6

COMMENT BRISER LES MALEDICTIONS

Dans le domaine de la résolution des problèmes, trois questions importantes reviennent :
- Le **Quoi ?** qui vous permettra d'identifier la racine du problème ;
- Le **Pourquoi ?** qui vous donnera les causes ;
- Le **Comment ?** qui vous apportera la solution.

Quelqu'un a dit « Il n'y a jamais de fumée sans feu », et un autre a dit « Si vous voyez un arbre debout, c'est parce qu'il y a une racine qui le maintient debout ». Pour arrêter la fumée, il faudra éteindre le feu et pour faire tomber l'arbre, l'on devra couper sa racine. Le « **Comment** « consiste à rassembler tous les moyens nécessaires pour résoudre le problème de la fumée que vous devez arrêter et de l'arbre que vous devez renverser.

Ce chapitre que je nomme Solution, vous aidera à bien mener votre combat et à en sortir plus que vainqueur. Un temps de jeûne serait nécessaire pour capitaliser ces prières en votre faveur. Le Seigneur dit *« Mais cette sorte de démon ne sort que par la prière et par le jeûne »,* **Matthieu 17:21.**

1) Faire un diagnostic spirituel

Matthieu 7:7-8 *« Demandez, et l'on vous donnera ; cherchez, et vous trouverez ; frappez, et l'on vous ouvrira. Car quiconque demande reçoit, celui qui cherche trouve, et l'on ouvre à celui qui frappe. »*

Jérémie 33:3 *« Invoque-moi, et je te répondrai ; Je t'annoncerai de grandes choses, des choses cachées, Que tu ne connais pas. »*

> *Le diagnostic spirituel consiste à faire une investigation profonde au sujet de votre background spirituel avec l'aide du Saint-Esprit afin de localiser la racine de vos problèmes.*

Dans la médecine, un bon praticien est celui qui prendra le temps qu'il faudra pour diagnostiquer votre mal afin de vous faire une prescription. Il en est de même dans le domaine des malédictions. Tant qu'elle n'est pas localisée, elle ne sera jamais brisée. Vous allez multiplier les jeûnes et les prières, mais la situation ne changera pas, parce que la cible n'a pas été touchée.

Le diagnostic spirituel consiste à faire une investigation profonde au sujet de votre background spirituel avec l'aide du Saint-Esprit afin de localiser la racine de vos problèmes. Les dons spirituels nous sont faits pour nous aider dans les situations pareilles, et non comme des ornements dans notre vie.

2) La Repentance

En revenant aux chapitres précédents, nous nous résumons en disant que le piège derrière toutes les malédictions est le péché. *« Car le salaire du péché, c'est la mort ; mais le don gratuit de Dieu, c'est la vie éternelle en Jésus-Christ notre Seigneur »,* **Romains 6:23**.

Pécher, c'est refuser de reconnaitre Dieu comme tel et manquer d'accepter Sa parole comme étant votre autorité finale, d'où la nécessité de la repentance pour Le ramener dans votre situation.

> *Votre repentance précèdera les temps de rafraichissement, synonyme de votre délivrance.*

La repentance a une place importante dans le processus de votre délivrance. Elle n'est pas une option, mais un devoir chrétien : *« Repentez-vous donc et convertissez-vous, pour que vos péchés soient effacés, afin que des temps de rafraîchissement viennent de la part du Seigneur »,* (**Actes 3:19**). Votre repentance précèdera les temps de rafraichissement, synonyme de votre délivrance.

Voici un guide qui vous aidera à préparer la liste de vos péchés connus. Il n'est pas complet, parce que nous reconnaissons que tous les péchés n'y sont pas énumérés. Cependant, vous y ajouterez les péchés révélés par le Saint-Esprit qui s'appliquent à votre situation.

Proverbes 28:13 *« Celui qui cache ses transgressions ne prospère point, Mais celui qui les avoue et les délaisse obtient miséricorde. »*

Psaumes 66:18 *« Si j'avais conçu l'iniquité dans mon cœur, Le Seigneur ne m'aurait pas exaucé. »*

Idolâtrie : Adoration des dieux étrangers, Amour de l'argent et du matériel.

Occultisme : Astrologie, Hypnoses ou Auto-hypnose, Boule de Cristal, Guérison psychique, Littérature occulte, Croyances occultes, Voyages astraux et pratiques psychiques, Contrôle de la pensée.

Sorcellerie et Satanisme : Incantations, Charmes, Dédicacions sataniques, Rites et Rituels abusifs, Blasphèmes, Moqueries, Sacrifices, Perversions, Magie, Vaudou, Guérison au moyen des pratiques de la Sorcellerie.

Péchés sexuels : Fornication, Adultère, Pornographie, Viol, Inceste, Convoitise, Masturbation, Homosexualité, Avortement, Zoophilie, Pédophilie, Exhibitionnisme, Autres perversions.

Drogues/Addictions : Drogues Illégales, Ivrognerie, Fumer, Abus corporels, Dépendance médicamenteuse, Dépendance à la nourriture.

Croyance aux mensonges de Satan : En rapport avec sa propre image, En rapport avec Dieu, En rapport avec les fausses croyances religieuses, En rapport avec les personnes, En rapport avec les comportements, En rapport avec les standards du monde et ses philosophies.

Peur : Peur de l'échec, Peur du succès, Peur du rejet, Peur de la mort, Anxiété, Souci, Désespoir.

Incrédulité : Manque de confiance en Dieu, Double intelligence, Doute, Scepticisme.

Mensonge/Malhonnêteté : Mensonge, Vol, Exagération, Duplicité.

Orgueil : Pharisaïsme, Egocentrisme, Vanité, Arrogance.

Rébellion : Désobéissance, Manque de respect, Volonté inébranlable. Désir d'être au Control, Têtutesse.

Colère : Haine, Amertume, Ressentiment, Manque de pardon, Rage, Vengeance, Calomnie, Critique, Repousser la faute chez les autres, Malice.

Souhait la mort : Pour soi-même, pour autrui.

Actes violents : Tentative de suicide, Abus, Meurtre, Avortement, Bastonnades.

Langage vulgaire et abusif : Jurons (Prononcer le nom de Dieu en vain), Condamner, Paroles négatives envers des hommes de Dieu, Histoires et Plaisanteries de mauvais goûts.

Musique (En rapport avec le contenu des messages ou des styles de vie de ceux qui les produisent) : Occultisme, Satanisme, Abus Sexuels, Rébellion, Drogue orientée, Centré sur la mort.

Médecine alternative (Ayant des racines dans la croyance aux fausses religions ou avec des influences psychiques/occultes) : Techniques de méditation (vider la pensée), Méditation Transcendantale, Acupuncture, Acupressure, Iridologie, Chromothérapie, Thérapie du son, Kinésiologie, Astrologie,

Régression hypnotique, Réflexologie, Yoga, Techniques de visualisation, Diagnose psychique, Guérison psychique.

Recherche de dons spirituels ou d'expériences spirituelles non basées sur les Ecritures : Forcer à recevoir le parler en langue, Accepter une expérience personnelle sans l'éprouver par la Parole de Dieu, Recevoir des prophéties personnelles sans les éprouver ou les confirmer par Dieu ou par le Corps de Christ.

La désobéissance à la Parole de Dieu :
- Le refus de payer la dîme de Dieu, **Malachie 3:7-10**
- Servir Dieu avec négligence, **Jérémie 48:10** « *Maudit soit celui qui fait avec négligence l'œuvre de l'Eternel, Maudit soit celui qui éloigne son épée du carnage!* »
- Faire confiance à l'homme. **Jérémie 17:5** « *Ainsi parle l'Eternel: Maudit soit l'homme qui se confie dans l'homme, Qui prend la chair pour son appui, Et qui détourne son cœur de l'Eternel!* »

Quelques Conseils pratiques :
Commencez par un bon moment d'adoration et de louange au Seigneur. Remerciez-le pour la délivrance et la guérison qu'il a déjà pourvues en Jésus-Christ.

1- Repentance : Vous avouez et vous confessez les péchés recensés (un à un devant Dieu). Assurez-vous que vous êtes vraiment repentants lorsque vous confessez ces péchés. Autrement, la confession n'aura pratiquement pas de sens. Si vous continuez à être fâchés et amers envers votre famille et votre prochain, vos prières ne seront pas efficaces. Demandez à Dieu de vous donner un esprit de grâce et de supplication.

Zacharie 12:10 « *Alors je répandrai sur la maison de David et sur les habitants de Jérusalem* **Un esprit de grâce et de supplication**, *Et ils tourneront les regards vers moi, celui qu'ils ont percé. Ils pleureront sur lui comme on pleure sur un fils unique, Ils pleureront amèrement sur lui comme on pleure sur un premier-né.* »

2- Renonciation : Vous renoncez à chaque péché (un à un). Après avoir confessé tous les péchés de votre liste, renoncez à toutes les réclamations de Satan sur votre vie au nom du Jésus-Christ. Déclarez que vous placez toutes ses réclamations contre vous sous le sang du Jésus-Christ, votre sauveur.

Colossiens 2:14 « *Il a effacé l'acte dont les ordonnances nous condamnaient et qui subsistait contre nous, et il l'a détruit en le clouant à la croix.* »

3) Exercez votre autorité en tant que croyant

C'est-à-dire que vous prenez du temps pour briser les malédictions. Sachant que les malédictions sont des liens spirituels, elles demandent à être brisées (une à une).

Zacharie 5:2-3 *« Il me dit : Que vois-tu ? Je répondis : Je vois **un rouleau qui vole** ; il a vingt coudées de longueur, et dix coudées de largeur. Et il me dit : **C'est la malédiction** qui se répand sur tout le pays ; car selon elle tout voleur sera chassé d'ici, et selon elle tout parjure sera chassé d'ici. »*

Galates 3 : 13 est l'un des passages bibliques approprié pour traiter le problème des malédictions.

4) Lier et chasser

Les malédictions servent de refuge aux démons. Maintenant qu'elles sont brisées, il ne vous reste plus qu'à lier et qu'à chasser ces mauvais esprits, introduits dans votre vie par la voie du péché. Le Seigneur Jésus dit : *« Voici, je vous ai donné le pouvoir de marcher sur les serpents et les scorpions, et sur toute la puissance de l'ennemi ; et rien ne pourra vous nuire »*, (**Luc 10:19**).

Jacques 5:16 « *Confessez donc vos péchés les uns aux autres, et priez les uns pour les autres, afin que vous soyez guéris. La prière fervente du juste a une grande efficacité.* »

5) Proclamez votre victoire

En vous servant de votre bouche, proclamez ce que les Saintes Ecritures disent au sujet de votre victoire en Jésus Christ.

Proverbes 18:21 « *La mort et la vie sont au pouvoir de la langue ; Quiconque l'aime en mangera les fruits.* »
Romains 8:37 « *Mais dans toutes ces choses nous sommes plus que vainqueurs par celui qui nous a aimés.* »
2 Corinthiens 2:14 « *Grâces soient rendues à Dieu, qui nous fait toujours triompher en Christ...* »

6) Vivez votre victoire

Habakuk 2:4 « *Voici, son âme s'est enflée, elle n'est pas droite en lui ; Mais le juste vivra par sa foi.* »

La vie du croyant est la foi qu'il professe. Ne permettez plus au diable de vous asservir par son mensonge.

> *La vie du croyant est la foi qu'il professe.*

Croyez que vous êtes maintenant libéré et que vous allez désormais expérimenter de grandes joies de la part du Seigneur.

Chapitre 7

LES PRIERES DE DELIVRANCE

Dans cette partie, nous allons vous donner quelques suggestions de prière pour briser les malédictions dans votre vie afin de mener une vie de totale liberté.

Prière 1 : **La Repentance**
- Lisez les textes bibliques suivants : **Psaumes 32 ; Psaumes 51 ; Ésaïe 59 ; 1 Jean 1:9**.
- Confessez à Dieu les péchés recensés sur la liste.
- Faites cette confession en vous servant de la prière suivante :

Seigneur, je sais que derrière chaque affliction se cache une transgression. Que ta miséricorde réponde en ma faveur maintenant !

Peut-être que j'ai touché ce que je ne devais pas toucher, Aie pitié de moi Seigneur !

J'ai peut-être bafoué ce que je ne devais pas bafouer, Aie pitié de moi, Seigneur !

J'ai peut-être méprisé ce que je ne devais pas mépriser, Aie pitié de moi, Seigneur !

Je suis peut-être allé là où je ne devais pas aller, Seigneur, aie pitié de moi !

J'ai peut-être dis ce que je ne devais pas dire, Seigneur, Aie pitié de moi !

J'ai peut-être fait ce que je ne devais pas faire, Seigneur, aie pitié de moi !

Quel que soit ce que j'ai consciemment ou inconsciemment fait et qui est la cause de l'affliction dans ma vie, Seigneur, aie pitié de moi !

Dieu, quel que soit ce qui a ouvert la porte du mal dans ma vie, que ta miséricorde me couvre, maintenant, Seigneur !

Seigneur, je sais que pour tout ce que j'ai fait, je suis candidat à la mort, mais aie pitié de moi !

Je ne peux pas retirer ce que j'ai dit, ni défaire ce que j'ai déjà fait, Seigneur, aie pitié de moi !

Père céleste, épargne-moi de la honte, de l'humiliation et de la destruction.

Je renonce à tous péchés sexuels commis dans le passé incluant la fornication, la masturbation, la pornographie, la perversion, la fantaisie et l'adultère, au nom de Jésus.

Je brise toutes malédictions d'adultère, de perversion, de fornication, de convoitise, d'inceste, de viol, de molestation, d'illégitimité et de polygamie, au nom de Jésus.

Je commande à tout esprit de convoitise et de perversion de sortir de mon estomac, de mon organe génital, de mes yeux, de ma pensée, de ma bouche, de ma main et de mon sang, au nom de Jésus.

Je présente mon corps à l'Eternel comme un sacrifice vivant (Romains 12:1).

Mes membres sont les membres de Christ. Je ne les laisserai pas être les membres d'un(e) prostitué(e), au nom de Jésus (1 Corinthiens 6:15).

Je relâche le feu de Dieu pour consumer toutes convoitises impures dans ma vie, au nom de Jésus.

Je brise tous les liens d'âmes malsains contractés par les anciens amours et les partenaires sexuels, au nom de Jésus.

Je commande aux esprits de convoitise héréditaire provenant de mes ancêtres de sortir de moi, au nom de Jésus.

Je commande à l'esprit de sorcellerie travaillant par la convoitise de me libérer, au nom de Jésus.

Je prends autorité sur ma pensée et je lie tous les esprits de fantaisie et toutes choses impures, au nom de Jésus.

Je chasse tout esprit de convoitise et de divorce, au nom de Jésus.

Je chasse et je me délie de tout esprit d'époux(se) et de tout esprit d'incubes et de succubes, au nom de Jésus.

Je chasse tout esprit de perversion incluant l'esprit de convoitise des Moabites et Ammonites, au nom de Jésus.

Je reçois l'esprit de sainteté dans ma vie pour marcher dans la pureté sexuelle, au nom de Jésus (Romains 1:4).

Je me détache de l'esprit du monde, de la convoitise de la chair, de la convoitise des yeux, et de l'orgueil de la vie. Je surmonte le monde par la puissance du Saint-Esprit (1 Jean 2:16).

Je suis crucifié avec Christ, je mortifie les membres de mon corps. Je ne laisse pas le péché régner dans mon corps et je n'obérerai pas à ses convoitises, au nom de Jésus ! Jésus-Christ seul est Seigneur sur ma vie !

Prière 2 : **Briser les malédictions**

Père céleste, je me repens de tous les péchés de ma vie, les péchés de mes ancêtres qui ont eu pour résultat la malédiction. Je me repens de toute désobéissance, rébellion, perversion, sorcellerie, perdition, adultère, fornication, d'avoir maltraité les autres, de meurtre, de vol, de viol, de mensonge, de divination et des implications occultes. J'implore ton pardon et mon bain par le sang de Jésus Christ.

Je prends autorité et je brise toute malédiction de la pauvreté, de manque, de dette, de destruction, de maladie, de mort et de vagabondage.

Je brise toute malédiction sur mon mariage, ma famille, mes enfants et mes relations.

Je brise toute malédiction de rejet, d'orgueil, de méchanceté, de rébellion, de perdition, d'inceste, de viol, d'Achab et de Jézabel, de peur, de folie, et de confusion.

Je brise toute malédiction qui affecte mes finances, mes pensées, mon caractère sexuel, mes émotions, ma volonté et mes relations.

Je brise et je détruis tout sort, porte-malheur, charme et toute malédiction orale dans ma vie.

Je brise toute chaîne, cordon, habitude, et tout cercle qui est le résultat de la malédiction dans ma vie. En accord avec Galates 3 :13, je suis racheté du droit de la malédiction par le sacrifice de Jésus-Christ ; j'exerce ma foi dans le sang de Jésus et je nous détache, moi et ma progéniture de toute malédiction, au nom de Jésus.

Je plaide le sang de Jésus pour le péché de mes parents.

Tous mes péchés sont pardonnés, et je me sépare des malédictions qui sont venues comme résultat de la rébellion et la désobéissance à la parole de Dieu. J'exerce ma foi, au nom de Jésus. Selon Galates 3:14, la bénédiction d'Abraham eût pour moi son accomplissement en Jésus-Christ.

Je ne suis plus maudit(e), mais béni. Selon Deutéronome 28:13, l'Eternel fera de moi la tête et non la queue, Je serai toujours en haut et jamais en bas, car j'obéirai aux commandements de l'Eternel, mon Dieu, qui me sont prescrits aujourd'hui, car je les observerai et les mettrai en pratique.

Et ce que Dieu a béni, personne ne le maudira.

Je commande à l'esprit de rejet, de mal, d'amertume, du manque de pardon, d'envoutement, de tourment, de mort, de peur, de perdition, de perversion, de double pensée, de maladie, d'infirmité, de peine, de tristesse, de divorce, de séparation, de sorcellerie, de manque, de pauvreté, de dette, de confusion, de dépression, de conflit, de contentement, de solitude, de rage, de vagabondage, de rejet en soi, de pitié en soi, d'abus de sortir de mon corps, au nom de Jésus.

Seigneur, je te remercie de m'avoir libéré(e) de tous ces malédictions et des esprits qui ont opérés dans ma vie. Amen.

Prière 3 : **Prier avec le Sang de Jésus**

Briser la malédiction est toujours le premier pas vers la délivrance. L'étape suivante, c'est chasser le démon. Vous allez faire alliance avec le sang de Jésus avant de commencer à chasser les démons.

- *Grâce au sang de Jésus, j'ai été racheté de la main du diable.*

- *Par le Sang de Jésus, tous mes péchés sont pardonnés.*

- *Le sang de Jésus-Christ, le Fils de Dieu, me purifie maintenant de tout péché.*

- *Par le sang de Jésus, je suis justifié, rendu juste, exactement comme si je n'avais jamais péché.*

- *Par le sang de Jésus, je suis sanctifié, rendu saint, mis à part pour Dieu.*

- *Mon corps est le temple du Saint Esprit, racheté, purifié, sanctifié, par le sang de Jésus.*

- *J'appartiens au Seigneur Jésus-Christ, le Fils de Dieu, corps, âme et esprit.*

- *Son sang me protège de tout mal.*

- *Grâce au sang de Jésus, Satan n'a plus aucun pouvoir sur moi, ni aucune place en moi.*

- *Je renonce complètement à Satan, à ses malédictions et à ses armées peu importe la porte et le moyen par lesquels ils sont entrés dans ma vie.*

- *Et je déclare maintenant qu'ils sont mes ennemis ; la parole de Dieu dit : « Voici les miracles qui accompagneront ceux qui auront cru : en mon nom, ils chasseront les démons... »*

- *Je suis un croyant et au nom de Jésus, j'exerce mon autorité, je brise tous les liens des malédictions connues et non connues, et je chasse tous les mauvais esprits qui ont fait de mon corps leur demeure, car je suis le temple du Saint Esprit et non des esprits impurs.*

- *Au nom de Jésus, je lie et je chasse tous les mauvais esprits envoyés contre moi pour me faire du mal : esprits d'occultisme, de sorcellerie, de malédiction, de mauvais sorts, de mauvais œil, esprits de vaudou, de magie noire, esprits de cartomancie et de divination, de jalousie, de haine de colère d'angoisse, de dépression, esprits de morts, de suicide, de tristesse; esprit d'abattement, de persécution, de mise en cage, je vous lie et je vous chasse, au Nom de Jésus (Marc 16:15) parce que tout ce que je lie sur la terre est lié dans le ciel (Matthieu 18:18). Père céleste, s'il s'agit d'esprits humains ou de leur influence, je Te demande de les éloigner de moi, au Nom de Jésus.*

- *Je vous commande de partir maintenant, au nom de Jésus ! (insistez... et commencez à tousser)*

Prière 4 : **Déclarer votre délivrance**

Esaïe 43:26 *« Réveille ma mémoire, plaidons ensemble, Parle toi-même, pour te justifier. »*

A partir de maintenant, je suis délivré de la malédiction de Dieu !

Je suis délivré de la malédiction de l'homme !

Je suis délivré de la malédiction générationnelle !

Je suis délivré de la malédiction de la loi !

Je suis délivré de la malédiction de la semence et de la moisson !

Je suis délivré de la malédiction de l'amertume !

Je suis délivré de la malédiction des prophètes !

J'ai plaidé la grâce et la miséricorde de Dieu par le sang de Jésus.

Et j'ai prié en accord avec la parole de Dieu, j'ai répandu mon âme et je suis exaucé.

Les afflictions ne s'élèveront plus dans ma vie. Aujourd'hui, toute malédiction sur ma vie est brisée, c'est ma saison de célébration et de réjouissance. Plus jamais : de tristesse, d'échec, de tragédie, de frustration, de mort subite, de destruction, des problèmes de familles chroniques, de problèmes de foyers, de maladies chroniques, d'infections destructrices, de stérilité, de maladies mentales, de suicides, d'avortements multiples, d'accidents répétés, de dépression, de tourments, de manque, de désespoir, de pauvreté, d'échecs en affaire, de confusion, de peines, de hauts et bas, de culpabilité, de honte, de condamnation, de lamentations, de souffrance, de misère, d'expériences amères, de contretemps, de moments difficiles, de contre-attaques, de détresse, de calamités, de mésaventures, d'effondrements.

Parce que je suis racheté de la malédiction de la loi, je reçois aujourd'hui la bénédiction à la place de la malédiction.

Jésus-Christ m'a affranchi et je suis réellement libre.

Amen.

I want morebooks!

Buy your books fast and straightforward online - at one of the world's fastest growing online book stores! Environmentally sound due to Print-on-Demand technologies.

Buy your books online at
www.get-morebooks.com

Achetez vos livres en ligne, vite et bien, sur l'une des librairies en ligne les plus performantes au monde!
En protégeant nos ressources et notre environnement grâce à l'impression à la demande.

La librairie en ligne pour acheter plus vite
www.morebooks.fr

OmniScriptum Marketing DEU GmbH
Heinrich-Böcking-Str. 6-8
D - 66121 Saarbrücken
Telefax: +49 681 93 81 567-9

info@omniscriptum.com
www.omniscriptum.com

www.ingramcontent.com/pod-product-compliance
Lightning Source LLC
Chambersburg PA
CBHW020808160426
43192CB00006B/491